Franz Heigl

SAVOIR VIVRE

KORSCH VERLAG

Der höchste Genuss
besteht in der Zufriedenheit
mit sich selbst.

Jean-Jacques Rousseau

Es braucht keinen Reichtum,
nur Fantasie, um aus jedem Tag
ein Kunstwerk zu machen.

Gib jedem Tag die Chance,
der schönste deines Lebens
zu werden.

Mark Twain

Die wahre Lebenskunst besteht darin, im Alltäglichen das Wunderbare zu sehen.

Pearl S. Buck

Die wichtigste Stunde in unserem Leben ist immer der gegenwärtige Augenblick.

Leo Tolstoi

In jeder Phase unseres Lebens gibt es eine bestimmte Form des Glücks. Die Kunst des Lebens besteht darin, diese kostbaren Augenblicke wahrnehmen zu können.

Man muss das Leben lieben,
um es zu leben, und man muss
das Leben leben, um es zu lieben.

Thornton Wilder

In uns selbst liegen
die Sterne unseres Glücks.

Heinrich Heine

OLIO D'OLIVA
LUCCA

Die Welt sehen, wie sie ist,
und sie dann lieben, das ist
die größte Kunst.

Romain Rolland

Der Lebenskünstler
beginnt den Tag,
indem er etwas
Schönes küsst.

Marcello Mastroianni

Die Schönheit der Dinge
lebt in der Seele dessen,
der sie betrachtet.

David Hume

Leicht zu leben ohne Leichtsinn, heiter zu sein ohne Ausgelassenheit, Mut haben ohne Übermut: das ist die Kunst des Lebens.

Theodor Fontane

Von den schönen Künsten ist die Lebenskunst die schönste.

Jules Romains

Es kommt nicht darauf an,
was einer mitbringt,
sondern darauf,
was er daraus macht.

Alfred Adler

Wenn wir, solange wir leben,
dem Weg der Freude folgen,
werden wir am Ende eins
mit diesem Weg.

Leo Tolstoi

OLIO
D'OLIVIA

Aus der Fülle
des Herzens leben,
das ist das Geheimnis
des Lebens.

Ricarda Huch

Das Heute – richtig gelebt –
macht jedes Gestern
zu einem Traum voller Glück
und das Morgen
zu einer Vision voller Hoffnung.

Aus dem Sanskrit

Es lebt nur der,
der lebend sich
am Leben freut.

Meanander

OLIO

Lebenskunst ist die Kunst
des richtigen Weglassens.

Coco Chanel

Die Kunst des Lebens liegt in einer dauernden Neueinstellung zu unserer Umgebung.

Kakuzo Okakura

Das Leben ist Schlaf,
dessen Traum die Liebe ist.
Du wirst gelebt haben,
wenn du geliebt haben wirst.

Alfred de Musset

Das Glück ist ein Wie,
kein Was, ein Talent,
kein Objekt.

Hermann Hesse

Lebenskünstler ist,
wer seinen Sommer so erlebt,
dass er ihn
noch im Winter wärmt.

Alfred Polgar

Abbildungen:

Redaktion: Marion Gleißner
Gestaltung: Barbara Vath
Satz: sysline-media, Oliver Altmann, Windach
Lithografie: Medienprinzen GmbH, München
Druck und Bindung: Uhl, Radolfzell
Printed in Germany
ISBN 978-3-7827-3882-8

Verlagsverzeichnis schickt gern:
A. Korsch Verlag GmbH & Co., Postfach 10 80, 82195 Gilching
www.korsch-verlag.de